W9-AST-023

SPANISH RIDDLES
COLCHA & DESIGNS

Adivinanzas Españolas
y
Diseños de Colcha

Compiled by Reynalda Ortiz y Pino de Dinkel
and Dora Gonzales de Martínez
and other members of La Sociedad Folklórica

A La Sociedad Folklórica Book
from

SUNSTONE PRESS

SANTA FE
NEW MEXICO

La Cubierta del libro es parte solamente de los diseños bordados en lana que forman y componen una sobrecama grande. Los diseños son auténticos de los tiempos Coloniales, bordados usando la puntada de colcha descrita como una larga puntada amarrada con dos o mas puntadas pequeñas. La sobrecama fue bordada por Rynalda Ortiz y Pino de Dinkel. Se llevo tres años.

The cover of this book is only a part of the designs, embroidered in wool, that form and compose a large bedspread. The designs are authentic from Colonial times, embroidered using a stitch called colcha stitch, described as one long stitch laid down and tied by one or more smaller stitches. The bedspread was embroidered by Raynalda Ortiz y Pino de Dinkel. It took three years to complete.

First Edition

10 9 8 7 6 5 4 3 2 1

Printed in the United States of America

Library of Congress Cataloging in Publication Data:
Spanish riddles and colcha designs = Adivinanzas y diseños de colcha / compiled by
Reynalda Ortiz y Pino de Dinkel and Dora Gonzales de Martínez. —1st ed.
p. cm.
English and Spanish.
"A la Sociedad Folklórica book."
Rev. ed. of: Une Colección de adivinanzas y diseños de colcha. 1988.
ISBN: 0-86534-226-1 : $10.95
1. Riddles, Spanish—New Mexico. 2. Mexican American riddles—New Mexico. 3. Embroidery—New
Mexico—Themes, motives. 4. Mexican Americans—New Mexico—folklore. I. Ortiz y Pino de Dinkle, Reynalda,
1915- .
II. Gonzales de Martínez, Dora, 1924- . III. Sociedad Folklórica (Santa Fe, N.M.) IV. Colleción de adivinanzas y
diseños de colcha. V. Title: Adivinanzas y diseños de colcha.
PN6375.S63 1994
398 . 6' 09789—dc20   94-17455
CIP

Published by SUNSTONE PRESS
Post Office Box 2321
Santa Fe, NM 87504-2321 / USA
(505) 988-4418 / orders only (800) 243-5644
FAX (505) 988-1025

Dedicatoria a
Rose Mary Cisneros de Martinez (1924-1994).

Dedicamos este libro a la memoria de Rose Mary Cisneros de Martinez. Carácter y personalidad admirable, brilloso ánimo, gran aprecio y sensibilidad de nuestros propósitos de preservar la cultura de nuestros antepasados . . . todo esto en munificencia tenía nuestra amiga y con-socia y oficial en varios puestos durante los veinte y un años de socia. Gran parte del éxito de la Sociedad Folklórica se atribuye a miembras como del molde de Rose Mary. (de la pluma de R.D.)

Dedication to
Rose Mary Cisneros de Martinez
(1924-1994).

We dedicate this book to the memory of Rose Mary Martinez. Admirable character and personality, bright and spirited, great sensibility of appreciation for our endeavors to preserve the culture of our ancestors: all this in munificence she had. . .Our friend, our co-member, our respected officer of many posts during her twenty-one years of membership. A great part of the success of the Folklore Society is attributed to members of the mold of Rose Mary. "San Pedro dale las llaves del cielo que an el mundo se las gano." Give her the keys of heaven. While in this world she earned them.

CONTENIDO / CONTENTS

RECONOCIMIENTOS / ACKNOWLEDGEMENTS

Esta obra no hubiera sido posible sin la ayuda y esfuerzos de todas las miembras de La Sociedad Folklorica; especialmente Mae Delgado, Pat Gonzales, Gloria Kahn, Lucy Sanchez y Anita Thomas. Se extiende también reconocimiento a los estudiantes de Bertha Sandoval de la escuela secundaria de Pojoaque, N.M. quienes participaron en el concurso apadrinado por la Sociedad Folklorica. Otros que contribuyeron fueron Elba C. de Baca, el teniente gobernador Roberto Mondragon, Pedro Rivera-Ortega, Roberto Vialpando, Ramona Calles de Santa Fe, Magdalena Garcia, Teodora Sanchez y Rachel Trujillo de Las Vegas, N.M., Delfina Trujillo ayudo a escribir a maquina.

Los diseños de colchas son de la colección de Reynalda Dinkel, de Belina Ramirez, Lydia Stump y de Anita Thomas. Los diseños fueron reproducidos por Dora G. Martinez. La Introducción como también la historia de la Sociedad en inglés y en español fueron la obra de Reynalda Ortiz y Pino de Dinkel.

This work would not have been possible without the help and faith of all the members of La Sociedad Folklorica; especially Mae Delgado, Pat Gonzales, Gloria Kahn, Lucy Sanchez and Anita Thomas. We would like to acknowledge the students of Bertha Sandoval of Pojoaque High School who participated in the contest sponsored by La Sociedad Folklorica.

Others that contributed were Elba C De Baca, Lieutenant governor Roberto Mondragon, Pedro Rivera Ortega, Roberto Vialpando, Ramona Calles from Santa Fe, Magdalena Garcia, Teodora Sanchez and Rachel Trujillo from Las Vegas, New Mexico. Delfina Trujillo did the typing.

The bedspread designs are from the collection of Reynalda Dinkel, Belina Ramirez, Lydia Stump and Anita Thomas. The designs were reproduced by Dora G. Martinez.

The introduction and the history of La Sociedad Folklorica in English and Spanish are the compilation of Reynalda Ortiz y Pino de Dinkel.

LA SOCIEDAD FOLKLORICA

En 1935, en Santa Fe, La Sra. Cleofas Martinez de Jaramillo, conmovida por el hecho de que ya parecía que las costumbres y tradiciones coloniales de nuestros antepasados ya no se observaban, estaban a punto de desaparecer, resolvió establecer un grupo que participara con entusiasmo en la fiesta anual y así darle a conocer a algunos participantes conocimiento de tradiciones nuestras. De este primer grupo ya se formó una sociedad con propósitos muy claramente delineados y descritos. Estos propósitos son la preservación del idioma español de las costumbres y de las tradiciones de la cultura hispánica, dicha cultura y tradición sembrada aqui por los colonistas y conquistadores de siglos pasados.

La Sociedad hoy día es una integra parte de la comunidad de la ciudad. Da animo a la juventud dándoles la oportunidad de participar en concursos de ensayos folklóricos, dándoles la oportunidad de entrevistar a sus familiares y de escribir en forma de ensayo lo que recogen, ya sean costumbres, o cuentos, o remedios o todo un modo de vivir de la gente de antes. Así llegó a dársele vida a aquel *Compendio de Folklore Nuevomexicano*.

La Sociedad ya tiene dos publicaciones: una *El Tesoro* y la otra ya mencionada Compendio de Folklore Nuevo-mexicano. *El Tesoro* contiene devociones como Las Posadas que la Sociedad celebra anualmente en la Capilla de San Miguel. *El Tesoro* contiene himnos con la música. Contiene oraciones para el Velorio de Santa Ana. El Velorio es otra costumbre tradicional que la Sociedad preserva. En los años, cuando había pocos padres, la gente se reunía a observar sus devociones, celebrando algun Santo patrón, brindándole con un velorio devocional. *El Compendio de Folklore Nuevomexicano* es un verdadero conjunto de las tradiciones, creencias y costumbres Populares.

La Sociedad con motivos de preservar los bailes antiguos, celebra dos bailes durante el año: El Baile de Cascarones, donde las cascaras de huevo bonitamente decorados y llenos de confeti se usan por los concurrentes quebrándolos en la cabeza de la compañera de baile. El otro baile es el Baile de los Compadres donde se trata de hacer pareja: el hombre busc a la compañera que lleva delantal que es igual que la tela de su corbata. Esta pareja ya se hacen compadres por el año. Una especie de *pals* de amistad especial. Polkas, Cunas, La Varsoviana, La Raspa, Valses redondos, Valses del paño, Schotises, todas las danzas de antaño, se vuelven a ver con acostumbrado vervo.

De antaño son los trajes que exhibe la Sociedad durante una exhibición de modas que toma lugar durante las fiestas anuales de la ciudad. La Sociedad tiene una colección de trajes de siglos pasados.

Durante la presentación de los Tres Reyes Magos la Sociedad sirve una merienda que consiste de chocolate y de biscochitos. El público que asiste el drama son los invitados. Igual merienda se sirve durante la exhibición de trajes, y también en el velorio anual demuestran sus artes culinarios sirviendo una cena compuesta de platos nuevomexicanos.

Asi es que aquel pequeño grupo que primeramente invitó la Sra. Jaramillo, hoy día ha llegado a crecer y a actuar como grupo principal en la preservación de las costumbres de las tradiciones, del idioma, y de los ideales de nuestros antepasados.

LA SOCIEDAD FOLKLORICA

In 1935, in Santa Fe, Sra. Cleofas Martinez de Jaramillo, concern-
ed, and perturbed by the fact that our ancestral customs and traditions were no longer being observed, and some seemed at the point
of disappearing, resolved to establish a group that would participate
in the annual fiesta, and give others some knowledge of our traditions, and folk ways. From this small first group started simply to
celebrate the Community Fiesta in a Spanish manner, there has
evolved the present Sociedad Folklorica with clearly defined aims.
These aims are the preservation of the Spanish language, of the
customs and the traditions of the Hispanic culture planted here by
the Colonists and the conquerors of centuries past.

The Sociedad today is an integral part of the Community life of
the city. It has encouraged the youth by giving them the opportuni-
ty to participate in contests where they gather folklore on an
assigned topic, interview family members and write up their
material in Spanish, be it on customs, or stories or remedies, games,
all or a part of a mode of living of the people of long ago. This is
how the *Compendio de Folklore Nuevomexicano* came to be: from the
student essays entered in contests, and judged the very best.

The Sociedad has two books: *El Tesoro,* and the aforementioned
Compendio de Folklore Nuevomexicano. This book is a veritable collection of the traditions, the beliefs, and the customs of the people.
The *Tesoro* contains the prayers recited at Las Posadas which the
Sociedad celebrates nine nights before Christmas at the Chapel of
San Miguel. *El Tesoro* contains hymns and their music. It contains
prayers for the Velorio of St. Anne. The Velorio is another tradi-
tional custom which the Sociedad preserves. In the years when
there were few priests, the people would celebrate the feast of
some Saint by holding a wake, and evening of prayer followed by
a social meal.

For many years now the Sociedad with the motives of preserving the old dances, celebrates two dances: El Baile de Cascarones where prettily decorated confetti filled egg shells are used by those in attendance at the gathering. The cascarones are crushed over the heads of the dancing partners. The other dance is *El Baile de los Compadres* where the principal interest is to pair off: the man searches for a dancing partner whose apron material matches the material of his tie. Ties and aprons are handed out as you arrive at the dance. The couples become compadres for the rest of the year. A sort of pal. All the dances of long ago are participated in, such as polkas, Cunas, La Raspa, La Vaquera, a handkerchief dance, all manner of Waltzes, and Schotises.

From long ago are the dresses, and costumes which the Sociedad models at a style show that is presented annually during the Fiesta. La Sociedad has a collection of the gowns of the past, some made from satins and taffetas brought over the Chihuahua trail.

During the presentation of the Magii, one of the folk dramas brought here by the colonists, the Sociedad serves a merienda consisting of chocolate and biscochitos. The public attending the drama are the guests of the Sociedad. A like merienda is served during the exhibition of the gowns at fiesta time. At the annual Velorio the members demonstrate their culinary arts serving a dinner composed of New Mexican dishes.

So it is from that small group invited by Sra. Jaramillo, today there has evolved a large association active in the preservation of the customs, of the traditions of the language, and the ideals of our ancestors.

UNA INTRODUCCIÓN

Las adivinanzas que hemos coleccionado, todas tienen el sabor del vivir de la gente de Nuevo México. Tratan de objetos y de cosas empleadas en la vida diaria del nuevomexicano. No solo describen lo mundiano y lo corporal como partes del cuerpo, utensilios, costumbres pero también describen el mundo espiritual y eclesiástico. Nos damos cuenta que tratan del mundo real y del ideal. Tratan de lo bueno y de lo malo.

Lo cierto es que las primeras adivinanzas que oímos son las que nos contaba la abuelita para divertirnos. Los cuentos, las adivinanzas, los trabalenguas, y los juegos y las matasecas nos entretenían y nos divertían. Eran parte de la tela de la vida de la niñez. Aquí tratamos de discutir aquel ramo de divertimiento llamado adivinanzas o rompecabezas.

Desde luego notamos el lenguaje de las adivinanzas. Encontramos algunas construidas de una forma muy poética: Siguen ejemplos: Maravilla! Maravilla! ¿qué será que en el campo se crió y en el altar se acabo? (la cera). Mi madre tenía una sabana que no la podía doblar; mi padre tenía un dineral que no lo podía contar. (el cielo y las estrellas). El lenguaje artístico y el español castizo y bello se nota en algunas adivinanzas como: Una señorita, bien aseñorada? Siempre está en la mesa y nunca come nada. (la lámpara).

Hay adivinanzas construidas al propósito ambiguas lo que *llaman Double entendre, double meaning,* de significativo doble. El tipo de significativo doble no lo conocimos hasta que ya habíamos crecido. Cuando eramos niños, la adivinanza era forma de rompecabezas. Como: Arca de buen parecer. Que no hay carpintero que la pueda hacer. (la nuez).

Hay adivinanzas que son juego de palabras. Son joviales, alegres. ¿Por que anda el marrano con la cabeza agachada? Porque dicen que su mamá es una marrana.

Algunas adivinanzas contienen la respuesta en su mero decir. Ejemplo: Lana sube. Lana baja. (la navaja). Ejemplo: Oro no soy. Plata no soy. (el platano).

Casi en todas las adivinanzas hay rasgo de buen humor y elementos de risa. Como ésta: Hermanos son. Uno va a misa y el otro no. (el vino y el vinagre).

Los diseños esparcidos aqui en el libro de adivinzazas son diseños para bordados de colcha que se empleaban en tiempos coloniales. Una mano de obra de mayor importancia en los principios de Nuevo Mexico era el bordado. Para embellecer manteles de altar, manteles y colchas para el hogar se usaba el bordado en material llamado sabanilla finamente tejido a mano. El hilo también, igual que la tela era tejido en casa y teñido en colores suplidos por hierbas naturales. Las puntadas que se usaban en los bordados eran de delinear, de cadena, puntadas largas y cortas. Pero en adición, se usaba una puntada muy tipica del bordado Nuevomexicano, la puntada de colcha que es una puntada larga con puntadas pequeñitas puestas entre lazadas en intervalos regulares.

Nuestro propósito en usar los diseños en este libro es doble: para presentar modelos estimados y preciados por nuestros antepasados en sus bordados y en su amor de adornar sus hogares, y también le dan adorno a nuestro libro de adivinanzas.

Algunas de la Sociedad Folklorica ya hace muchos años son adeptas en el empleo de estos moldes en sus bordados de colcha.

Las miembras de la Sociedad Folklorica esperan que esta colección de adivinanzas esparcidas con adornos de diseños para bordados le sirvan al lector de recordativo de su herencia y le reanimen a preservar dos ramos mas de su cultura hispánica.

15

16

LAS ADIVINANZAS / RIDDLES

1. Soy la primera en amor
   Y la última en esperanza
   Dos puestas tengo en la panza
   Y en el azador.

   I am the firt in amor
   I am the last in esperanza
   Twice I appear in panza
   And in azador.

2. Soy un moro sin cabeza
   No tengo panza ni pies
   Hablo sin tener boca
   Y ando sin tener pies.

   I am a Moor without a head
   I have neither stomach nor feet
   I talk without a mouth
   I walk without feet.

3. Dos hermanitos, muy igualitos
   Cuando llegan a viejos
   Abren los ojitos.

   Two little brothers, exactly alike
   When they get old
   They'll open their little eyes

4. Cinco varitas en un varital
   Ni secas
   Ni verdes
   Se pueden cortar.

   Five rods growing in the same patch
   Be they dry
   Be they green
   You can't cut them down

5. Nadie me iguala
   Por mi ligereza
   Deshago a un hombre
   De pies a cabeza.
   Algunas fieras huyen
   Con solo oir mi voz
   Algunos me juzgan castigo de Dios.

   No one equals me
   Because: I'm swift
   I can destroy a man
   From head to foot
   Some beasts flee
   On hearing my voice
   Some judge me a punishment

6. ¿Cuántos santos hay en el cielo?

   How many saints are there in heaven?

7. Agua de las verdes matas
   Tu me tumbas, tu me matas
   Y me haces andar a gatas.

   Water from green plants
   You knock me down; you kill me
   You make me walk on all fours.

17

8. Una serpentina de oro   A golden serpentine
   Ninguno la quiere   Nobody wants it
   Aunque valga un tesoro.   Even though it is worth a treasure.

9. Dos torres altas   Two tall towers
   Dos miradores   Two lookouts
   Un espantamoscas   A fly swatter
   Y cuatro andadores.   And four walkers

10. ¿Cuáles son las cuatro letras What are the four letters
    Que hacen a una niña mujer?   that make a girl a woman?

11. ¿Quién es el que se expresa   Who expresses himself
    En todas las idiomas?   In all languages?

12. Nazco verde   I am born green
    Y muero amarillo   I die yellow
    En las huertas   In all gardens
    Grandes y pequeñas.   Whether they be large or small.

13. Blanco fuí de nacimiento   At birth I was white
    Despúes de verde vestí   Later I was vested in green
    Y ahora que estoy de luto   And now that I'm in mourning
    Hacen aprecio de mi.   They pay attention to me.

14. Verde nací   Green I was born
    Colorada fuí   Red I became
    Morada voy siendo   Purple I'm becoming
    Negra me caí.   I fell when I turned black.

15. ¿Qué parentela te toca   What relationship
    De la hermana de tu tía   Are you to your aunt's sister
    Si no es tu tía?   If she is not your aunt?

16. Dos cuatitos   Identical twins
    Muy pareciditos   They won't be opening
    No abren los ojitos   Their little eyes
    Hasta que están bien viejitos. Until they are very old.

22. En una casita
    Está una viejita
    LLorando.

    In a little house
    There's a little old women
    weaping.

23. En un castillo
    Mil damas visten
    De amarillo
    O de blanco.

    In a castle
    A thousand ladies
    Dressed in yellow
    Or dressed in white.

24. ¿Quién es el hombre que nacio
    Sin hueso y sin coyuntura
    Que tuvo tanta aventura
    Que cantando se acabo?

    Who is the one born
    Without bone and joint
    Who had so many adventures
    And teminated its life singing.

25. Corito blanco cayó en el mar
    Corito negro lo fué a sacar.

    White Corito fell into the sea
    Black Corito went to pull him out.

26. ¿Qué pesa mas
    Una libra de plumas
    O una libra de fierro?

    What weighs more
    A pound of feathers
    Or a pound of iron?

27. Aquí y alla
    Donde le toca la vez
    Se juntan pelos con pelos
    Y en la cama con mas ganas.

    Here and there
    Hair with hair is joined
    And in bed with more desire.

28. Blanco fui de nacimiento
    Pintáronme de colores
    He causado muchas suertes
    Y he empobrecido a muchos señores.

    I was born white
    They painted me in different colors
    I have brought good luck to some
    I have impoverished other men.

29. Sin ser Jesucristo
    Yo solo me visto
    Y sin ser cristiano
    Como, bebo y charlo.

    Without being Jesus Christ
    I dress myself
    Without being christian
    I eat, I drink and I talk.

30.	Tu paradita Y yo de rodillas Pícales, pícale Y hazle cosquillas.	I stand You kneel Pick at it Tickle it
31.	¿Cuál es el santo Que no es De ninguna parte?	Which Saint Isn't from anywhere?
32.	Mi padre no fue nacido Mi madre nunca nació Mi abuela estuvo doncella Hasta que el nieto murió.	My father wasn't born My mother never was born My grandmother was a virgin Until the grandson died.
33.	De bronce el tallo Las hojas de esmeralda De oro el fruto las flores de plata.	The stalk is bronze The leaves are emerald Gold are the fruit The flowers silver.
34.	Una vieja Larga y seca Y le escurre Mucha manteca.	An old woman Long and withered Dripping much lard.
35.	Vestidos de cuero negro Venían dos caballeros Uno al otro se decía Yo primero! Yo primero!	Two gentlemen Here they come Dressed up in black leather One says to the other I'm first! I'm first!
36.	Canto sin ser pajarito Salto sin ser maromero Y vivo todo el invierno Metido en un agujero.	I sing without being a bird I leap without being an acrobat And all winter long I live Stuck inside a hole.
37.	En el cielo hay En la tierra no Y en la copa de mi sombrero la tengo yo.	In cielo I am In tierra I'm not In the copa of my hat I have it there.

38. Hago papas y monarcas
    Principes y emperadores
    Hago sin ser Jesucristo
    Peces, animales y hombres.

    I make popes and monarchs
    Princes and emperors
    Without being Jesus Christ
    I can make fishes, animals and men.

39. Despues de darme de golpes
    me ponen en gran calor
    y luego me despedazan
    Como si fuera un traidor.

    After striking blows on me
    They put me in the heat
    Then they tear me into pieces
    As if I were a great traitor.

40. El burro la lleva a cuestas
    Metida está en baúl
    Yo no la tuve jamás
    Y siempre la tienes tu.

    The _burro_ has it
    It's in _baul_
    _Yo_ never had it
    And always _tu_ has it.

41. Las tocas de doña Leonor
    A los montes cubren
    Y a los ríos no.

    The hood of Dona Leonor
    Covers the mountains and woods
    But not the rivers.

42. Fuí a la plaza
    Compré negritos
    Llegué a la casa
    Y se me volvieron coloraditos.

    I went to the Plaza
    I bought some black ones
    When I reached home
    They changed to red ones.

43. Hermanos son—
    Uno va a misa
    Y el otro no.

    Brothers are they
    One goes to Mass
    The other one doesn't.

44. Anda y anda
    Por los rincones
    Tu de puntitas
    Y yo de talones.

    Walk about and walk about
    You do it on tip-toes
    I'll be on my heels.

45. Barbas tiene
    Hombre no es
    Olas hace
    Río no es.

    It has a beard
    It isn't a man
    It makes waves
    It isn't a river.

46. En el aire me críe
    Sin generación de padre
    Yo soy de tal condición
    Que muero y nace mi madre.

    I was born in the air
    Without being engendered by a father
    I am of such a condition
    That I die and my mother is born.

47. Adivina adivinador—
    Tengo cuatro patas
    Y no soy animal
    Tengo espaldas
    Y no soy gente.

    Guess, you guesser
    I have four legs
    I am not an animal
    I have a back
    I am not people.

48. Tu allá
    Y yo aqui.

    Tu alla
    Y yo aqui.

49. Lana sube
    Lana baja
    Mi abuela la trabaja.

    <u>Lana</u> sube.
    Lana <u>baja</u>
    My grandmother works it.

50. Yo tenía un palo muy largo
    Que cortarlo pude
    Y rajarlo no.

    I had a very long pole
    That I was able to cut
    But not able to split.

51. Bailando vive
    De aquí para allá
    Y a todos acorta
    La distancia a la eternidad.

    Dancing is his way of life
    From here to there
    For everyone he shortens
    The distance to eternity.

52. ¿Qué animal? ¿Qué animal?
    Con el pico por delante
    Y los ojos por detrás?

    What animal? What animal is it?
    With a bill in front
    And eyes in back?

53. Con la cola aprieta
    Con la punta hinca
    Y con lo que le cuelga
    Tapa la grieta.

    With its tail it tightens
    With its point it drives
    And with what hangs in back
    It covers the flaw.

54. Largo y peludo
    Y en la punta
    Un nudo.

Long and hairy
And at the end
A knot.

55. Tiene una cosa el molino
    Prevista y no necesaria
    No puede moler sin ella
    Y no le sirve de nada.

The mill has a thing
Forseen and not necessary
It can't grind without it
But it serves no purpose.

56. Una dama muy delgada
    Y de palidez mortal
    Que se alegra y se reanima
    Cuando la van a quemar.

A very thin lady
Pale as death
Who gets happy and animated
When they are going to set her afire.

57. ¿Qué cosa
    Anda
    Sin tener pies?

    What thing runs
    Without having feet?

58. ¿Cuál pregunta
    Nunca se puede contestar
    Con una sí?

    What question
    Can never be answered with
    A yes?

59. ¿En que se parece
    El tren
    A la pera?

    A play on words:
    es pera no es pera,
    from esperar "to wait for."

60. No es ave y camina mucho
    y sin andar es viajero
    nadie le puede ganar
    en lo veloz y ligero.

    It isn't a bird and travels much
    And without walking is a traveler
    No one can beat him
    In swiftness and speed.

61. En misa no puede estar
    En medio de la gloria estoy
    En la hostia en primer lugar
    También estoy en el infierno
    De alli no puedo faltar.

    In misa I can't be
    In the middle of gloria I am
    In the hostia first place I hold
    I am also in infierno
    From there I cant' be missing.

62. Cuando calor tengo
    Frío
    Y no frío
    Sin calor.

    (Play on words: frio is cold
    frio is also I fry)
    When I am warm I'm frying
    And I can't fry without heat.

63. Mientras que estoy preso
    Existo
    Si me ponen en libertad
    Muero.

    While I am held prisoner
    I exist
    If they set me free
    I die.

64. En un llano está un hombre
    No muy hombre
    Tiene barbas
    No muy largas
    Tiene dientes
    Y no come.

    On a plain there's a man
    Not very manly
    He has whiskers
    Not very long ones
    He has teeth
    He can't eat.

33

65. ¿Qué es la primero
    Que le mete
    El novio
    A la novia?

    What's the first thing
    The groom puts
    On the bride?

66. Santa sin ser nacida
    Santa sin ser bautizada
    La iglesia me llama santa
    Y glorificada.

    Holy without being born
    Holy without being baptized
    The church calls me holy
    And celebrates me.

67. Después que el redentor
    Cumplió quince años
    ¿Qué hizo en seguida?

    After the Savior
    Had his fifteenth birthday
    What did he do right away?

68. Largo, largo
    Y muy amartillado.

    Long, it's long
    And very well beaten and hammered.

69. Si los amarras
    Se van
    Y si los sueltas
    Se quedan.

    If you tie them
    They'll go
    If you loosen them
    They'll stay.

70. El manjar de los manjares
    El sabor de los sabores
    Y la miel
    De todas las flores.

    The food of all foods
    The taste of all tastes
    And the honey
    Of all the flowers.

71. Es pesado como el plomo
    Ágil como el alimento
    Doy de comer y no como
    Ando como el pensamiento.

    As heavy as lead
    As agile and nimble as nourishment
    I give sustenance to others; I don't eat.
    I move about swift as thought.

72. Una palomita
    Blanca y negra
    Vuela y no tiene alas
    Habla y no tiene lengua.

    A little dove
    Black and white
    It flies without wings
    It speaks without a mouth.

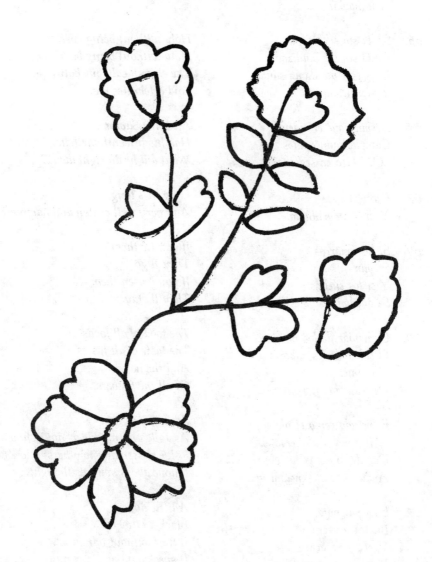

73. ¿Qué tengo yo
    Que mi marido
    No puede tener?

    What do I have
    That my husband
    Can not have?

74. Fuí al campo
    Y encontré uno que se cruza
    Dice que es santo
    Y no es cristiano.

    I went to the campo
    And I met one who makes the sign of
    the cross.   He says he's a santo
    And is not a christian.

75. ¿Cuál es la cosa en el mundo
    que nadie puede ver
    que da tormento y placer.
    Vuela al cielo y al profundo
    sin poderle detener?

    What is the thing in this world
    That no one can see
    That gives torment, and pleasure
    It can fly skyward, and to the depths
    Without one's being able to restrain it?

76. Tiene boca y no bebe
    Tiene lecho y no duerme.

    It has a mouth and does't drink
    It has a bed and doesn't sleep.

77. En alto vive
    Y en alto mora
    Y en alto teje
    La tejedora.

    Up high it lives
    And up high it rests
    And up high it weaves
    The weaver does.

78. Capote sobre capote
    Capote de rico paño
    El que no me la adivine ahora
    No me la adivina en todo el año.

    Cloak on top of cloak
    Cloak of rich cloth
    He who can not quess this right now
    Won't be able to quess it within a year.

79. Ni mata conejo
    Ni mata perdiz
    Apunta a la corva
    Y da a la nariz.

    It neither kills a rabbit
    Nor does it kill a partridge
    It aims at the bend of the knee
    And strikes the nose.

80. ¿Qué es
    Lo que hacemos todos
    Con el tiempo?

    What is it
    That we all do
    In time.

81. ¿Qué es
    Que entre mas le quitas
    Mas grande es?

What is it that
The more you take away from it
It gets bigger?

82. ¿Qué cae sin lastimarse?

What falls without hurting itself?

83. Una vaca pinta
    Pasó por el mar
    Pegando bramidos
    Sin ser animal.

A spotted cow
Passed over the sea
Roaring, howling
Without being an animal.

84. ¿Qué es
    Lo que en una semana
    Se ven dos
    En un mes ninguna
    Y en un año una?

What is it
That in one _semana_
You see two
And in one _mes,_ not any
In one _año_ you see one.

40

85. ?Qué es
Lo que va de aqui
Hasta California
Sin moverse?

What is it that
Goes from here to
California without
moving itself?

86. Vuela sin alas
Silba sin boca
Pega sin manos
Y no se le toca.

It flies without wings
It whistles without a mouth
It strikes without hands
And one can't touch it.

87. Patio barrido
Patio regado
Sale un negrito
Muy arriscado.

A well-swept patio
A well-sprinkled patio
Out comes a little black one
Brisk and bold.

88. Dentro del mar esta un queso
Dentro del queso una o
Dentro de la o una t
Adivínemelo usted.

Within the <u>mar</u> is a queso
Within the queso an <u>o</u>
Within the o a <u>t</u>
Quess what it is.

89. Un capitán
Tres generales
Cinco piden pan
Y cincuenta piden aves.

One Captain   Three Generals
Five ask for bread Fifty ask for hails.
(aves is the word for bird or for
hail, a greeting)

90. Una viejita corcovadita
Tuvo un hijo enrredador
Unas hijas buenas mozas
Y un nieto predicador.

A little old humpbacked woman
Had an entangler for a son
Had some good looking daughters
And a preacher for a grandson.

91. En la primavera muy lindo
En el verano mas hermoso
Entra el invierno
Y muy triste se quedará.

Beautiful in the Spring
More handsome in the Summer
Winter comes
And it will remain very sad.

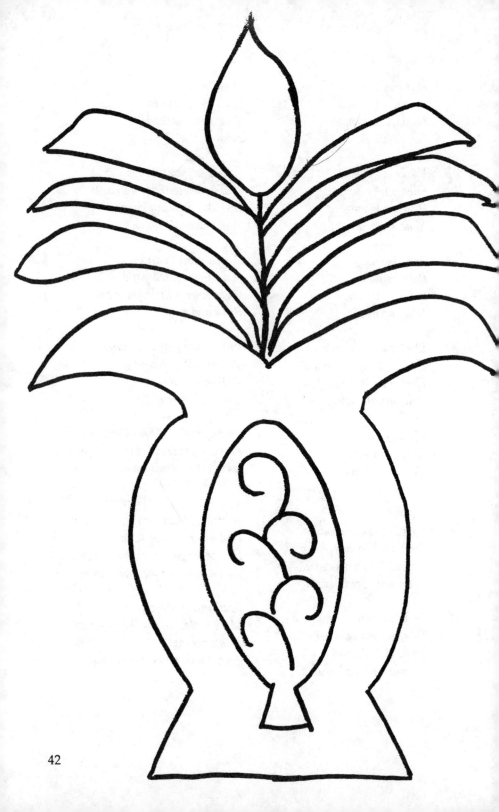

42

92. El que lo hace
    Lo hace cantando
    El que lo compra
    Lo compra llorando
    El que se lo pone
    No sabe ni como ni cuando.

    He who makes it
    Sings along while making it
    He who buys it
    Does so weeping
    He who wears it
    Does't know how nor when.

93. Agua pero no de río
    Diente pero no de gente.

    Agua but not from _a río_
    Diente but not a people's one.

94. Una vieja con un diente
    Recoje a toda su gente.

    An old woman but with a single tooth
    Gathers all her people.

95. Una señora
    De traje de seda
    Anda por el aire
    No hay quien la detenga.

    A lady
    In a silk dress
    Goes through the air
    There's no one who can detain her.

96. Fui a la huerta
    Traje de ella
    Cuando llegué a la casa
    Lloré con ella.

    I went to the garden
    I brought some of it
    When I reached home
    I wept with it.

97. Un pajarito voló, voló
    Paso por los ojos
    Y nadie lo vió.

    A little bird flew and flew
    It passed in front of our eyes
    And no one saw it.

98. Yo soy la redondez del mundo
    Sin mi no pudiera haber Dios
    Papas y cardinales si
    Pero pontifices no.

    I am the roundness of _mundo_
    Without me there wouldn't be _Dios_
    Papas and cardinales yes
    But pontifices no.

99. Pájaro pinto
    Pasó por el mar
    Ni el viento
    Ni el agua
    Lo pudo alcanzar.

    A spotted bird
    Passed along the sea
    Neither the wind
    Nor the water
    Could reach it.

100. ¿Cuál es la palma Que no da dátiles?	Which is the palm That doesn't bear dates?
101. Crece y se achica Y nadie la ve No es luz Y se apaga.	It grows and it diminishes And no one sees it It isn't a light It can be put out.
102. Sale de la sala Y entra en la cocina Meneando la cola Como una gallina.	It comes out of a room And enters the kitchen Moving its tail Like a hen.
103. El padre es alto La madre es chiquita Los hijos son negros Los nietos blanquitos.	The father is tall The mother is small The children are black The grandchildren are white.
104. Blanca salí de mi casa Y en el campo enverdecí Para entrar a mi casa De colorado me vestí.	White I came out of my house In the field I turned green To enter my house I dressed myself in red.
105. Santa soy sin ser nacida Santa sin ser bautizada Santa me llama la iglesia Y sin ser santificada.	I am holy without having been born Holy without being baptized Holy the Church calls me Without my having been sanctified.
106. Tengo una cabeza y un pie No tengo manos Pero ando por tierra Y ando por el mar Y ayudé a sujetar A Cristo en la cruz.	I have a head and a foot I don't have hands But I walk over the land And walk on the sea And I helped to hold Christ on the cross.
107. Adivina, adivinanza ¿Cuál es el ave Que no tiene panza?	Guess, Guess; which is the bird That doesn't have a stomach? (the word ave is 'hail', the greeting and it means bird also)

45

46

108. Tu arriba
Y yo abajo
Y hacemos
El mismo trabajo.

You on top
I on the bottom
And we do
The same work.

109. ¿Qué sera, que sería
Que un niño lo tenía
A punto de medio día.

What is it? What could it be?
That a child had it
Right at noon?

110. Detras de
La puerta
Est' una.

Back of the door
Est' una
(the answer is in the riddle)

111. Soy una mujer muy blanca
Hermosa
Aunque yo lo diga
Hasta el mismo rey de España
Debajo de me se abriga.

I am a very white woman
Beautiful
Even though I say it
Even the very king of Spain
Wraps himself when I appear.

112. Soy negra como la tez
Blanca como la nieve
Camino sin tener pies
Y hablo sin tener boca.

I am black of complexion
White as the snow
I walk without having feet
I talk without having a mouth.

113. Lana sube
Lana baja.

Lana sube
Lana baja

114. De nada sirvo de día
De noche sirvo bastante
Y como siempre doy trabajo
Me cortan a cada instante.

I am not used for anything in the daytime
At night I am used enough
And as I always give trouble
They cut me down at every instant.

115. Verde fue mi nacimiento
Nacida entre verdes lazos
Y hoy me vienen a llorar
Los que me han hecho pedazos.

I was born green
Born in green bindings
And today they weep over me
Those who have torn me to pieces.

116. Estas eran doce hermanas
     Cada una tenía sus medias
     Y sus cuartos
     Pero menos Zapatos.

There were twelve sisters
Each one had halves
And her quarters
But no shoes.

117. Tu paradita
     Y yo de rodillas
     Y en el agujerito
     Te hago cosquillas.

You are standing
I am kneeling
And in the little hole
I tickle you.

118. Largo, larguete
     Como un pinabete
     De día sale
     Y de noche se mete.

Long, very long
Like a fir tree
It comes out during the day
And at night it goes down.

119. Mi misión en este mundo Es el secreto guardar Y en pago de mi constancia Siempre la muerte me dan.	My mission in this world Is to guard the secret And as pay for my constancy They always give me death.
120. Cuando me siento, me estiro Cuando me paro, me encojo Entro al fuego y no me quemo Entro al agua y no me mojo.	When I sit, I stretch When I stand, I shrink I enter the fire and I don't burn I enter the water and I don't get wet.
121. ¿Cuál es el animal Que camina con las patas En la cabeza?	Which is the animal That walks with its legs On the head?
122. No soy de cristal ni de vidrio Ni de metal ni de oro Ni de ninguna otra especie Y sin embargo me rompo.	I am not crystal nor glass Neither am I metal or gold Nor of any other specie Nevertheless I break.
123. Vamos guerita Por los rincones Tu de puntitas Y yo den talones.	Let's go little blonde Through all the corners You on tiptoes And I on my heels.
124. Cincuenta y cinco soldados Los gobierna un capitán Cincuenta comen aves Y cinco comen pan.	Fifty five soldiers A captain governs them Fifty eat "aves" (ave is bird or hail) And five eat bread.
125. Verde como el campo Campo no es Habla como el hombre Hombre no es.	Green like the field It isn't a field It talks like a man It isn't a man.
126. ¿En que se parece Una cocinera A un volcán?	In what does a cook Resemble A volcano?

127. Tiene hojas
     Y no es nogal
     Tiene pellejo
     Y no es animal.

It has leaves
And isn't a walnut tree
It has skin (hide)
And is not an animal.

128. Cuatro monjitas
     En un conventico
     No tienen ventanas
     Ni ventanico.

Four tiny nuns
In a tiny convent
There are no windows
Not even a tiny window.

129. Vivo siempre sobre el agua
     A pesar de no ser barco
     Ni de noche ni de día
     Tengo los ojos cerrados.

I live on the water always
In spite of not being a boat
Neither by night nor by day
Do I ever close my eyes.

130. ¿Que cosa da vueltas
     Sube las lomas y baja
     Y siempre donde mismo?

What thing takes turns
Goes up and down hills
And always stays in the same spot?

131. ¿Que sera?
     Dos negritos
     Tapan a diez.

What is it
Two little blacks
Cover up ten?

132. Cuando llegué
     No traje
     Cuando me fui
     Llevé y dejé.

When I arrived
I didn't bring one
When I left
I took one and I left one.

133. Mi tia va
     Mi tia viene
     Mi tio
     Tieso lo tiene.

My aunt goes
My aunt comes
My uncle
Holds it stiffly.

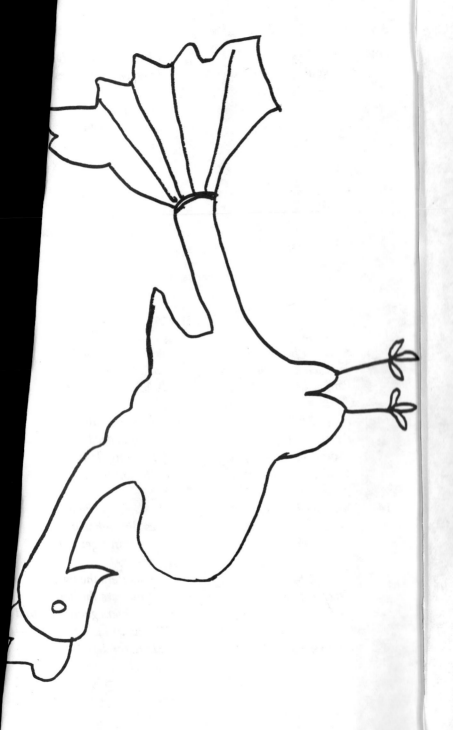

134. ¿Qué es aquella cosa
Que en el Antiguo Testamento
Cayendo en gran cantidad
Destruyó a los hombres
Y en el Nuevo Testamento
En poca cantidad
Salva a los hombres?

What is that thing
That in the old testament
Falling in great quantity
Destroyed men
And in the new testament
In small quantity
Saved men?

135. En el monte verdea
En la casa colea.

It grows green on the mountain
At home it tags along.

136. Me acuesto blanca
Me levanto pinta.

I lie down white
I get up spotted.

137. Imagén de pereza
Dicen que es cierto animal
Poco anda, poco y despacio
Y no sabe trabajar.

The picture of laziness
They say about a certain animal
It walks little, little and slow
And doesn't know how to work.

138. Doña Rita va corriendo
Con las tripas arrastrando
Y un viejo cacarizo
Poco a poco la va empujando.

Doña Rita runs along
Dragging her innards behind her
And an old pocked-marked man
Little by little pushes her.

139. ¿Cuál fue aquel que nació
Y vivió tiempo infinito
Y luego por finiquito
Su madre se lo comió.

Who was it that was born
And lived into infinity
And then to settle the score
His mother ate him up.

140. Soy enemigo del sol
Y en mi brillan muchos soles
A pesar de tantas luces
Me iluminan con faroles.

I am an enemy of the sun
And in me many suns shine
In spite of so many lights
They light me up with lanterns.

141. Es un viejito barbón
tiene barba y no tiene
Tiene dientes
Y no tiene.

It is a bewhiskered little old man
He has a beard and he doesn't
He has teeth
And he doesn't.

142. Tengo lo que Dios no tiene
     Y veo lo que Dios no ve.

143. Hay un hijo
     Que hace nacer
     A una madre
     Que le dió el ser.

144. Qué me miras
     Qué te ries
     Qué burlas de mi no harás
     Como tu estás
     yo me ví
     Como yo estoy
     Te verás.

145. Verde fui de nacimiento
     Amarillo fue mi abril
     Tuve que ponerme blanco
     Para poderte servir.

146. Antes era vivo
     Ahora es muerto
     Y carne viva
     Tiene adentro.

147. Mi comadre resbaloza
     Pasa por el agua
     Y no se moja.

148. Vence al tigre
     Vence al león
     Vence a señores y reyes
     Que a sus pies
     Caen rendidos.

149. Unas regaderas
Mas grandes que el sol
Con las que riega el campo
Dios Nuestro Señor.

Some sprinklers
Bigger than the sun
With them the fields are watered
By God our Lord.

150. ¿Qué cosa tienen los coches
Que sin el
No pueden andar
Y no lo necesitan?

What thing do cars have
That without it
They can't run
And they don't need it.

151. Grande, muy grande
Mayor que la tierra
Arde y no se quema
Quema y no es candela.

Big, very big
Bigger than the earth
It is hot but doesn't burn itself
It burns and isn't a candle.

152. No tengo sino un ojo
Si me lo quitan
Dejo de ser.

I have only one eye
If they take it from me
I cease to be.

153. ¿Qué será
Que en todo está?

What is it
That is in everything?

154. No es ave
Y camina mucho
Y sin andar
Es viajero.

It isn't a bird
It walks about a great deal
And without walking
He's a traveler.

155. ¿Qué cosa es cosa
Que entra al río
Y no se moja?
No es sol
Ni es luna
Ni cosa ninguna.

What thing is a thing
That enters the river
And doesn't get wet?
It isn't the sun
It isn't a moon
Nor anything.

156. ¿Cuál es el mejor retrato
que no necesita pintura?

Which is the best picture
That doesn't need painting?

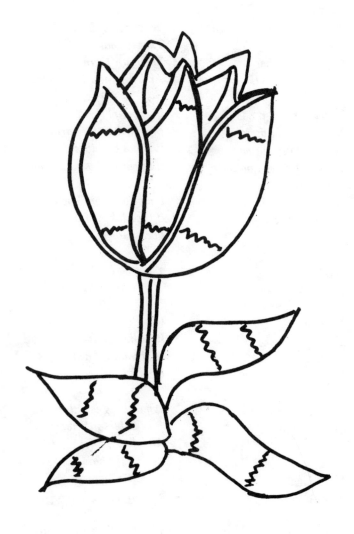

149.   Unas regaderas   Some sprinklers
        Mas grandes que el sol   Bigger than the sun
        Con las que riega el campo   With them the fields are watered
        Dios Nuestro Señor.   By God our Lord.

150.   ¿Qué cosa tienen los coches   What thing do cars have
        Que sin el   That without it
        No pueden andar   They can't run
        Y no lo necesitan?   And they don't need it.

151.   Grande, muy grande   Big, very big
        Mayor que la tierra   Bigger than the earth
        Arde y no se quema   It is hot but doesn't burn itself
        Quema y no es candela.   It burns and isn't a candle.

152.   No tengo sino un ojo   I have only one eye
        Si me lo quitan   If they take it from me
        Dejo de ser.   I cease to be.

153.   ¿Qué será   What is it
        Que en todo está?   That is in everything?

154.   No es ave   It isn't a bird
        Y camina mucho   It walks about a great deal
        Y sin andar   And without walking
        Es viajero.   He's a traveler.

155.   ¿Qué cosa es cosa   What thing is a thing
        Que entra al río   That enters the river
        Y no se moja?   And doesn't get wet?
        No es sol   It isn't the sun
        Ni es luna   It isn't a moon
        Ni cosa ninguna.   Nor anything.

156.   ¿Cuál es el mejor retrato   Which is the best picture
        que no necesita pintura?   That doesn't need painting?

157. ¿Quien entra
De cabeza
A misa?

Who enters
Head first
To Mass?

158. En medio de dos cerritos
Brincan y saltan
Los angelitos.

In the middle of two little hills
The little angels
Jump and leap.

159. ¿Qué es? Qué es?
Que lo sientes
Y no lo ves.

What is it? What is it?
That you feel it
But you don't see it?

134. ¿Qué es aquella cosa	What is that thing
Que en el Antiguo Testamento	That in the old testament
Cayendo en gran cantidad	Falling in great quantity
Destruyó a los hombres	Destroyed men
Y en el Nuevo Testamento	And in the new testament
En poca cantidad	In small quantity
Salva a los hombres?	Saved men?

135. En el monte verdea	It grows green on the mountain
En la casa colea.	At home it tags along.

136. Me acuesto blanca	I lie down white
Me levanto pinta.	I get up spotted.

137. Imagén de pereza	The picture of laziness
Dicen que es cierto animal	They say about a certain animal
Poco anda, poco y despacio	It walks little, little and slow
Y no sabe trabajar.	And doesn't know how to work.

138. Doña Rita va corriendo	Doña Rita runs along
Con las tripas arrastrando	Dragging her innards behind her
Y un viejo cacarizo	And an old pocked-marked man
Poco a poco la va empujando.	Little by little pushes her.

139. ¿Cuál fue aquel que nació	Who was it that was born
Y vivió tiempo infinito	And lived into infinity
Y luego por finiquito	And then to settle the score
Su madre se lo comió.	His mother ate him up.

140. Soy enemigo del sol	I am an enemy of the sun
Y en mi brillan muchos soles	And in me many suns shine
A pesar de tantas luces	In spite of so many lights
Me iluminan con faroles.	They light me up with lanterns.

141. Es un viejito barbón	It is a bewhiskered little old man
tiene barba y no tiene	He has a beard and he doesn't
Tiene dientes	He has teeth
Y no tiene.	And he doesn't.

56

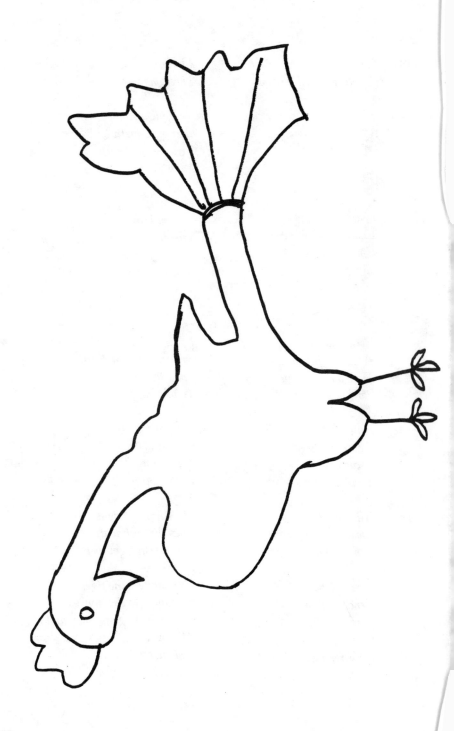

142. Tengo lo que Dios no tiene
     Y veo lo que Dios no ve.

     I have what God doesn't have
     I see what God doesn't see.

143. Hay un hijo
     Que hace nacer
     A una madre
     Que le dió el ser.

     There is a son
     that gave birth
     To a mother
     Who gave him being.

144. Qué me miras
     Qué te ries
     Qué burlas de mi no harás
     Como tu estás
     yo me ví
     Como yo estoy
     Te verás.

     So you look at me
     So you laugh
     I wonder how much fun at my expense
     As you are now
     I once saw myself
     As I am now
     You will see yourself.

145. Verde fui de nacimiento
     Amarillo fue mi abril
     Tuve que ponerme blanco
     Para poderte servir.

     I was green from birth
     Yellow was my April
     I had to turn white
     To be of use for you.

146. Antes era vivo
     Ahora es muerto
     Y carne viva
     Tiene adentro.

     Once it was alive
     Now it is dead
     And living flesh
     Holds within it.

147. Mi comadre resbaloza
     Pasa por el agua
     Y no se moja.

     My slippery friend
     Goes through water
     And doesn't get wet.

148. Vence al tigre
     Vence al león
     Vence a señores y reyes
     Que a sus pies
     Caen rendidos.

     He conquers the tiger
     He conquers the lion
     He conquers gentlemen and kings
     All who at his feet
     Fall surrender.

160. Cargadas van
Cargadas vienen
Y en el camino
No se detienen.

Loaded they go
Laden they come
And on the road
They don't stop.

161. Pica pica picando
y una colita arrastrando.

It pierces, pierces and piercing
Drags a little tail along.

162. Por tu querer
To rompen el cuero
Te lo meto
Y te lo dejo
Bailando como un maromero.

Because you wish it
They tear your skin
They put it in
They leave it dangling
Dancing like a tight-rope dancer.

163. El padre de Mico
Tiene cola, pies y pico
Mico no tiene
Ni cola, ni pies, ni pico.

The father of Mico
Has a tail, feet and bill
Mico doesn't have
A tail, nor feet nor bill.

164. Montera sobre montera
Montera de rico paño
El que no me la adivine ahora
No la adivina en todo el año.

Hood over hood, cap over cap
Made of rich cloth
If you can't guess this now
You won't guess it all year.

165. Nunca podrás alcanzarme
Por mas que corras trás mi
Y aunque quieras retirarte
Yo siempre iré junto a ti.

You'll never be able to overtake me
However much you run after me
And even if you want to get away
I'll always go along with you.

166. Cien damas en un camino
Y no hacen polvo
Ni remolino.

A hundred ladies on the road
They don't raise any dust
Not even a whirlwind.

167. Dos amigos muy queridos
Que por todo el mundo los con-
ocieron
Tuvieron tan buena suerte
Que el día 31 de diciembre
Los dos juntos murieron.

Two very dear friends
Who were known by everyone
They had the good luck
That on the thirty first of December
Together they died.

168. Alto, altanero
Gran caballero
Gorra de grana
Capa dorada
Y espuelas de acero.

Tall and arrogant
Great gentleman
Cap of fine scarlet cloth
Golden cape
And spurs of steel.

169. En el cielo
Mira uno
Una cosa linda
De hermosos colores.

In the sky
One sees
A beautiful thing
Of many colors.

170. A la mujer por su querer
Le rompen el cuero
Le ponen duro en el agujero
Y se queda bailando como un
maromero.

A woman because she so desires
Has some skin torn
And something hard in the hole
Is left dancing there like an
acrobat.

171. ¿Que rey usa
La mas grande corona?

What king wears
The largest crown?

172. Puente sobre puente
Pueblito de mala gente.

Bridge over bridge
A little town with bad people.

173. Soy un hombre alto y grueso
Sin coyuntura, sin sangre y
sin hueso
La muerte no me pudo matar
Porque no me halló pescuezo.

I am a man tall and thick
Without joints, without blood and
without bone
Death couldn't kill me
Because he couldn't find a neck.

174. ¿Cuál santo tiene mas huesos? / Which Saint (santo) has the most bones?

175. Arca cerrada / A closed chest (trunk)
De buen parecer / Of good appearance
Que no hay carpintero / There isn't a carpenter anywhere
Que la pueda hacer. / Who could build such a chest.

176. Guardada en estrecha carcel / Guarded in narrow jail
Por soldados de marfil / By marble soldiers
Está una roja culebra / There is a red snake
Que es la madre del mentir. / Which is the mother of the lie.

177. En blanco pañal nací / I was born in white swaddling cloth
en verde me transformé / I was transformed into green
Fue tanto mi sufrimiento / My suffering was so great
Que amarillo me quedé. / That I remained yellow.

178. Lo meto seco   I put it in dry
      Y sale mojado   It comes out wet
      Y me hace cosquillas   And it makes me perspire.
      Y me hace sudar.

179. Arca monarca de buen parecer   Kingly chest (trunk) of good appearance
      Que ni un carpintero   There isn't a carpenter
      La ha podido hacer   Who could build it
      Solo mi Dios   Only my God
      Con su gran poder.   With his great power.

180. Pensando me voy pensando   I go along thinking
      Pensando me vuelvo loca.   Thinking I almost go crazy
      ¿Que parentesco me toca   Just what is my relationship
      La suegra de la esposa   To the mother-in-law of the wife
      De mi hermano?   Of my brother.

181   Se pone la mesa   The table is set
      Se sirve   It is served
      Se corta   It is cut
      Pero ninguno come.   But no one eats.

182. ¿Qué es aquello   What is it
      Que mientras mas grande es   That the bigger it gets
      Menos se ve?   The less we can see it?

183. Una señorita vestida de grana   A lady with a red dress
      Que siempre está en coche   Is always in a coach
      Y siempre está mojada.   And is always wet.

184. Cajita de dios benerita   A box that God made
      Que se abre   It opens and closes
      Y se cierra   And does not wither.
      Y no se marchita.

185. El padre de Mico Mico
     Tiene cola, y pies y pico
     Y Mico Mico no tiene
     Ni cola, ni pies, ni pico.

     Mico Mico's father
     Has a tail, feet and a beak
     But Mico Mico
     Has none of these.

186. ¿Cuáles son los tres santos
     Que no entran al cielo?

     Who are the three saints
     That never enter Heaven?

187. Vuelta y vuelta
     Me doy sin cansarme
     Mas si no tomo
     Me paro al instante.

     Round and round
     I go without tiring,
     But I can
     Stop very quickly.

188. Adivíname ésa.

     Guess this. (play on words)

189. Mi ser en un punto empieza
     Y en un punto ha de acabar
     El que acertaré mi nombre
     Solo Dirá la mitad.

     I come to a point
     And in a point I shall finish,
     The one who fits my name
     Will say only half.

190. Sin ninguna ceremonia
     Con el sombrero calado
     Se sienta delante del rey
     Del pápa y del magistrado.

     With his perforated hat
     He sits in front of the king,
     The Pope and the Magistrate.

191. ¿Cuál es el animal
     Que por la mañana
     Camina en cuatro pies
     Al mediodía con dos
     Y en la noche con tres?

     What animal walks on four legs
     In the morning;
     Two in the middle of the day,
     And in the evening walks on three?

192. Tras! Tras! Tras!
     Por donde me llevas!
     Con el piquito por delante
     Y los ojos por detrás.

     Crash! Crash! Crash!
     Where are you taking me!
     With the beak in front
     And the eyes behind.

193. Te digo
     Te repito
     Que si no me adivinas
     No vales un pito.

     I say,
     And I repeat
     If you do not guess correctly
     You are not worth a whistle.

194. Por la calle de abajo vengo
     Con mis patitas peladas
     Cuando canto mis seguidillas
     Todos me dan bofetadas.

     I am coming
     With my bare legs
     When I sing
     Everyone slaps me.

71

195. Blanca soy
Blanca nací
Ricos y pobres
Me quieren a mi.

I am white;
That's how I was born
Rich and poor
Want me.

196. Santa soy, pero no bautizada
Traigo conmigo el día
Tengo el corazón colorado
Y la sangre fría.

I have never been baptized
I bring the day with me
My heart is red
My blood is cold.

197. Un redondo
Y un redondon
Un metisaca
Y sacadón.

I am round
And a pull
And push
Takes me out.

198. Te lo digo
Y no entiendes
Te la repito
Y no me comprendes.

I say it
And you don't understand
I repeat it
And you don't comprehend.

199. Entre pared y pared
está el negrito Jose.

From wall to wall
Is the black Jose.

200. Ayer vinieron
Hoy han venido
Vendrán mañana
Con mucho ruido.

They came yesterday,
And today,
They will come tomorrow
With much noise.

201. Yo vi cien damas hermosas
En un momento nacer
Ponerse como una rosa
Y en seguida perecer.

I saw a hundred beautiful ladies
That were born in a moment
They are colorful
Then they die.

202. Cuando chica, costilla
Guando grande, tortilla.

When she is small she's like a rib
When she is big she is round.

203. Chiquita como un ratón
Pero guarda mi casa
Como un león.

Small like a mouse
But she guards my house
Like a lion.

204. De Santo Domingo vengo
     De ver al padre prior
     Tengo los hábitos verdes
     Y encarnado el corazón.

     I went to Santo Domingo
     To see a prior
     My habit is green
     And my heart is red.

205. El hombre que me alimenta
     Siempre mi abrigo le doy
     Poco despues muy contenta
     Con otro abrigo ya estoy.

     I give my coat
     To the one who feeds me
     Shortly I have
     Another coat.

206. Ya ves que claro está el día
     Ya ves que claro se ve
     Ya ves que claro lo digo
     Adivíname ¿qué es.?

     You see how clear the day is?
     You see how clear it is?
     You see I clearly state it?

207. Tengo una tabla
     Muy bien labrada
     Debajo de techo
     Y siempre mojada.

     I have a board that
     Is well polished.
     It's under a roof
     And it is always wet.

208. No soy Dios, no pienso serlo
     Ni la Virgen, es mi madre
     Pero llegándose la hora
     Soy mas Dios que Dios Padre.

     I'm not God
     And the Virgin is not my mother,
     But when the time comes
     I'm more God than God.

209. Debajo del cielo lavo los campos
     Hago ruido en los paraguas
     Hago correr a los niños
     Hago ruido en las corrientes.

     I wash the country side
     Make noises on the umbrellas
     I make children run and
     Make noises in the currents.

210. Dos caballitos
     En una balanza
     Siempre corriendo
     Y nunca se alcanzan.

     Two horses
     In a scale
     They are always running
     But they never meet.

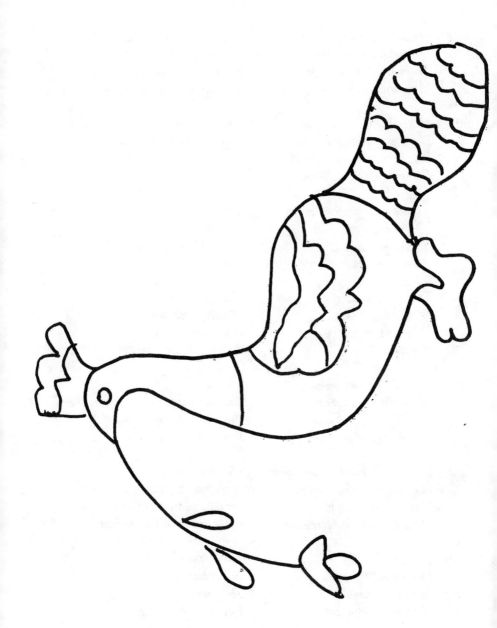

211. Blanca soy de nacimiento
Me pintaron de mil colores
Por mi se matan reyes
Y se destruyen señores.

I was born white
But was colored a thousand colors,
Because of me kings are killed
And gentlemen are destroyed.

212. Siempre quietas
Siempre inquietas
Durmiendo de dia
Y de noche despiertas.

Always they are quiet
Sometimes they are restless
They sleep during the day
But awaken at night.

213. Si el enamorado
Fuera advertido
Hallara mi nombre
Y el color de mi vestido.

If the lover
Would notice
He'd find my name
In color of my dress.

214. En una mágica escala
Que expresa dicha o dolor
Está formada de damas
De negro y blanco color.

In a magic scale
That expresses happiness or pain
It is made
Of white and black ladies.

215. Dicen que soy rey
Y no tengo reino
Dicen que ando
y no me meneo.

They say I'm king
But without a Kingdom
They say I walk
But I don't wiggle.

216. Blanca soy como la leche
En mi se invierten colores
Por mi se pierden los hombres
Y se divierten señoras

I'm white as milk
But colors are added
Because of me men are losers
And women enjoy themselves.

217. ¿Cuál es la cosa en el mundo
Que nadie la puede ver
Y que da tormenta
Y placer?

What is it in the world
That nobody sees
And can torment you
Or give pleasure.

218. ¿Qué presidente Usa el zapato Mas grande?	Which President Uses the biggest shoes?
219. Va y viene Y está Ahi mismo siempre.	Comes in And goes out But is always in the same place.
220. ¿Qué es una cosa Que se pase Que se pesa Que se pisa Y que se posa?	What is the thing That can be a passport That is weighed That is stepped on And is a passing bell?
221. Un cazador Sale al campo a cazar palomas. Ve un árbol con doce palomas Suelta un tiro Y caen cinco. ¿Cuantas quedan en el arbol?	A hunter Went to hunt doves And he sees a tree with twelve doves He fires And five fall How many were left on the tree?
222. Adivina, adivinador! ¿Que planta se va a regar Cuándo la van a cortar?	Guess! Which plant has to be watered Just before it is cut?
223. Adelante de ti me paro Me prendes y me apagas Te escondo tus maldades Y me pagas con limpiadas.	I sit in front of you You turn me on and off I hide all your faults And you pay me by cleansing.

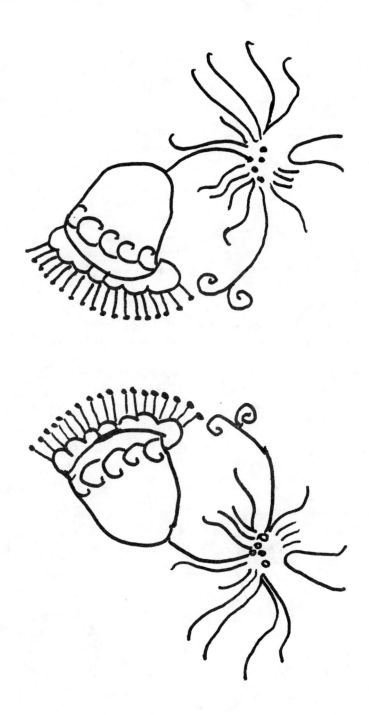

224. Blanco sali de mi casa
     En el campo me hice bola
     Y para entrar a mi casa
     Me metieron de la cola.

I was white when I left home
And I turned into a ball
When I came home
They brought me in by the tail.

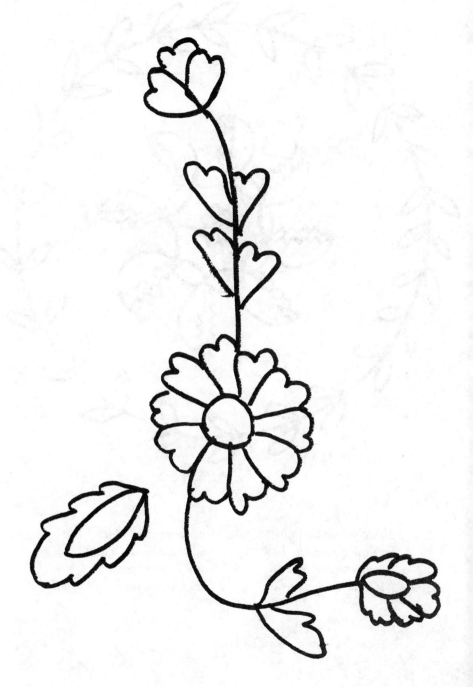

225. Un convento bien cerrado
Sin campanas y sin torres
Y muchas monjitas dentro
Preparan dulces de flores.

A monastery that has neither
Bell nor towers
But many nuns are within
Preparing candy from flowers.

226. ¿Quién será esa dama rubia
Que va con el pelo suelto
Por un campo muy florido
Sin guía ni compañero?

Who is that blond dame
Who goes with her hair loose
Through a very flowered country
Without a guide or a companion?

227. Tito, Tito
Capotito
Sube al cielo
Y pega un grito.

Tito, Tito
With a cloak
Goes to the sky
And gives a holler.

228. Cien redonditos
En un redondon
Un mete
Un saca
Y un pon.

A hundred round ones
In a round place
One puts in
One takes out
And one just puts.

229. Verde como loro
Bravo como el toro.

Green like a parrot
Brave like a bull.

230. Doce señoritas
En un corredor
Todas tienen medias
Pero zapatos no.

Twelve young ladies
In a hallway
All have halves
But not any shoes.

231. Si una vaca cae en el río
¿Cómo la sacarías?

If a cow falls in the river
How are you going to get her out?

232. ¿Qué le hace falta
A un zapato acabado de hacer?

What is lacking
For a shoe just finished?

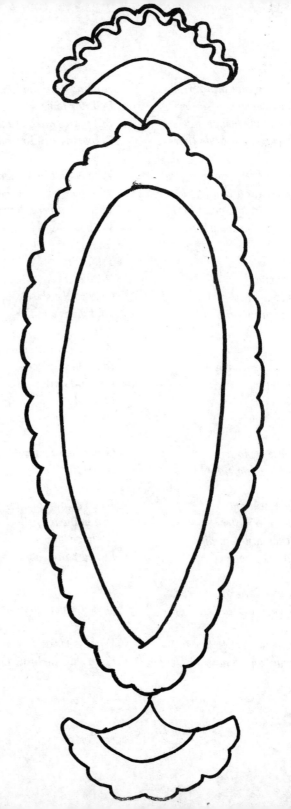

233. En un llanito
No muy llanito
Saltan y brincan
Los muchachitos.

In the countryside
The little boys
Jump and leap.

234. En el día
Está lleno de carne
Y en la noche
Le sopla el aire.

In daytime
It is full of flesh
But at night
The wind blows into it.

235. ¿Cuál es la hembra
Que siempre está en el agua
Y nunca se lava los pies.

What is always
In the water
But never washes its' feet.

236. Arca monarca
De gran parecer
No hay herrero
Ni platero
Que la pueda hacer
Solo Dios con su gran poder.

A monarchs
Chest can't be built
By a blacksmith
Nor a silversmith
Only God has the power
To build it.

237. Brinco de la cama
Y me subo en ti
Si no te lo meto
La culpa es de mi.

I get on you
When I junp from my bed
It is my fault
If I don't give you any.

238. Alta torre
Misa que no oyes.

High tower
But you don't hear Mass.

239. Ún arbol con doce ramas;
Cada uno tiene su nido
Cada nido siete pájaros,
Y cada cual su apellido.

A tree has twelve branches
And each one has a nest
Every nest has seven birds
And each one has a name.

240. El zapatero y su hija
El sastre y su mujer
Comieron de nueve huevos
Y les tocaron de a tres.

The shoemaker and his daughter
The tailor and his wife,
They ate nine eggs
And each had three.

241. ¿Donde le puso Dios
La mano
Al hombre?

Where did God
Place the hand
On man?

242. En el cielo no lo hubo
En la tierra se encontró
Dios con ser Dios lo tuvo
Hasta que un hombre
A Dios se lo dió.

In heaven he didn't find it
On earth he didn't meet with it
God for being God held it
Until it was given to God.

243. Que cama tan angosta
Que ni revolverme puedo
De tan angosta que está
Un pie sobre de otro tengo.

What a norrow bed!
I can't even move
Because it is so narrow
I have one foot on top on the other.

244. Una cosa
Que tiene ojos de gato
Orejas de gato
Patas de gato
Y no es gato.

There is a thing
That has eyes like a tom cat
Ears like a tom cat
Feet like a tom cat
But it is not a tom cat.

245. Águila vigilante
Que caminas con compás
Con el pico por delante
Y los ojos por detras.

An eagle that is very cardful
Travels without a compass
With the beak to the front
And the eyes in back.

246. En el llano está Mariano
Con tres patas
Y una mano.

Mariano is in the country
With three legs
And one hand.

247. Yo soy un pobre negrito
No tengo brazos ni pies
Navego por mar y tierra
Y al mismo Dios sujeté.

I'm a poor black thing
I have neither arms or legs
I go to land and sea
And God I held up.

248. Peludito por dentro
Peludito por fuera
Alza la pata
Y métela adentro.

Fuzz inside
And outside
Get your leg up
And put it inside.

249. Tu boca arriba
Yo boca abajo
Dale que dale
Que es mucho trabajo.

You upside down
Me face downward
Give and going
It's a lot of work.

250. En una noria muy honda
Hay un cabestro muy largo
Destendido no alcanza
Doblado hasta sobra.

In a deep well
There is a long rope
When it's unfolded it doesn't reach
When folded its more than enough.

251. Ya ves
Claro es
El que no me lo adivine
Bien tonto es.

You see
It's clear
If you don't guess this
You are stupid.

252. En un cuarto muy oscuro
Hay una dama encerrada
¡Escuchala!

In a darkened room
There is a lady locked up
Listen to her!

253. Muchas monjitas
En un corral
Y todas cantan
El mismo cantar.

Many nuns
In a corral
They all sing
The same song.

254. El campo es blanco
La semilla negra
Cinco aradores
Y un escarba tierra.

It is white
And the seeds are black
Five plowers
And a dirt digger.

255. A donde voy
Contento doy
Y desconsuelo
Donde no estoy.

I bring happiness
Wherever I'm at
And unhappiness
Where I am not.

256. ¿En que mes
Habla menos la gente?

In which month do
People talk the least?

257. Rita, Rita
     Que en el campo grita
     Y en su casa
     Calladita.

Rita, Rita
That yells in the country
And is quiet
At home.

258. Es su madre tartamuda
     Y su padre buen cantor
     Tiene el vestido blanco
     Y amarillo el corazón.

His mother stutters
And his father is a good singer
He is dressed in white
And his heart is yellow.

259. Sábana blanca
     Está tendida
     Juan Domingo
     Le baila encima.

A white sheet
Is hanging
Juan Domingo
Gives her a whirl.

260. Trata de no poseerme
     No me permitas crecer
     Porque si tu no me matas
     Yo te mataré.

Try not to possess me
Do not allow me to grow
Because if you don't kill me
I'll kill you.

261. Mi madre tenía una sábana
     Que no la podía doblar.
     Mi padre tenía un dineral
     Que no lo podía contar.

My mother had a bed sheet
That she couldn't fold
My father had so much money
That he couldn't count it.

262. Tengo dientes
     Y no como
     Tengo barbas
     Y no soy hombre.

I have many teeth
But I don't eat
I have a heart
And I'm not a man.

263. Una vieja
     Titiritana
     Montada
     En una caña.

An old woman
Confused by noises
Is on top
Of a cane.

264. De qué edad vino
Dios al mundo?

How old was God when
He came to this world?

265. Dos peludos
Y un pelado
Un pica nalgas
Y un enterrado.

Two hairy ones
One without hair
One jabs the rump
And one is buried.

266. El carpintero lo hizo
El que lo compró no lo usó
El que lo usó
No lo vió.

The carpenter made it
The one who bought it didn't use it
The one who used it
Didn't see it.

267. Tres cazadores casando
Y tres aves volando
Caduno mató la de él
Y las demás se fueron volando.

Three hunters hunting
Three birds flew by
Caduno killed one
The rest went flying.

268. Que cosa no tiene Ud.
Y ni quisiera tener
Pero al tiempo de tener
No la quisiera perder.

What thing you don't have
And wouldn't want to have it
But at the time of having it
You wouldn't want to lose it.

269. Una niña sentada en su balcón
Le gritaba a su vaquero
Que le trajera un carnero
De cien costillas y un pie.

A child sitting on a balcony
Would yell at his cowboy
To bring him a sheep
Of a hundred ribs and one foot.

270. Redondito
Redondón
Sin agujero
Y con tapón.

Roundish
Round
It doesn't have a hole
But it has a stopper.

271. ¿Qué hacen seis gatos
En una azotea?

What are six cats
Doing on a flat roofed house?

272. Sube el cerro
    Y baja el cerro
    Y siempre está
    En el mismo lugar.

Up the hill
Down the hill
But its always
In the same place.

273. Tira el hilito
    Y grita el pajarito.

Pull the thread
And a bird yells.

274. ¿Qué será
    Qué sería
    Lo que una vieja
    Me decía?

What is it
What could it be
What an old lady
Told me.

275. En el monte
    Fuí nacido
    Y en el monte
    Fuí criado
    Con mi chaquetita negra
    Y mi pecho colorado.

In the mountains
I was born
And raised
With my
Black jacket
And red breast.

276. /¿Quién tiene las narices
    Mas lejos de la frente?

Whose nose is farther
Away from the brow?

277. Campo blanco
    Flores negras
    Un arado
    Y cinco yeguas.

White countryside
Black flowers
A plow
And five mares.

278. ¿Qué tenemos mas
    Que nuestro padre Adan?

What do we have
That Adam never had.

279. Una manzana me dieron
    Y no me la dieron dada
    Cinco me dieron con ella
    Y diez para que guardara.

They gave me an apple
And it wasn't given
They gave me five with her
And ten to keep.

280. Caballito de banda en banda
No come
Ni bebe
Ni anda.

A little horse goes from
Side to side
He doesn't eat
Drink nor walk.

281. Una vieja jorobada
Con un hijo enredador
Unas hijas muy hermosas
Y un nieto predicador.

A crooked old lady
With a son who in snares
Has very pretty daughters
And a grandson who preaches.

282. Guango es su nombre
Y goche
Es su apelativo.

His name is Guango
His last name is
Goche.

283. Si la tienes
La buscas
Si no la tienes
Ni la buscas
Ni la quieres.

You look for it
If you have it
If you don't have it
You neither look for it
Nor want it.

284. Una vieja
Larga y delgada
Que ya se corta
Por la mitad.

A large
And thin lady
Has a pinched middle.

285. En la calle me toman
En la calle me dejan
En todas partes entro
Y de todas partes me echan.

They breathe me outside
And they leave me there
I go into everything
And they get rid of me.

286. Una señorita
Muy aseñorada
Con muchos remiendos
Y ni una puntada.

A very proper
Young lady
Has a coat of many patches
And not one stitch.

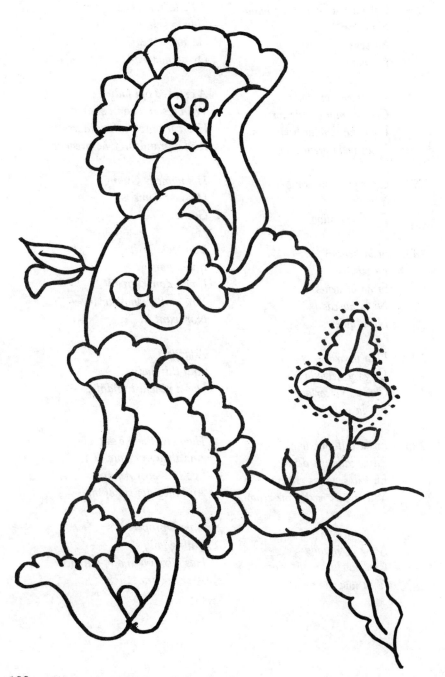

287. ¿En que se parecen
    Las pesetas
    A los zapatos?

    What is the resemblance
    Between money
    And shoes?

288. Nico Nico y su mujer
    Tienen cola, pies y pico
    Los hijos de Nico Nico
    No tienen ni cola, ni pies, ni pico.

    Nico, Nico and his wife
    Have a tail, feet and a beak
    But the sons of Nico Nico
    Have no tail, feet nor beak.

289. En el puerto de capu
    Mataron al indio lines
    Por estar la letra tan clara
    Quiero que la adivines.

    In the port of Capu
    They killed the Indian Lines,
    Because the letter is clear
    I'd like for you to guess this.

290. Corre sin tener pies
    Y habla
    Sin tener boca.

    Runs without feet
    It talks
    Without a mouth.

291. !Maravilla, maravilla! ¿Que sera?
    En el monte nace
    Y en el agua vive.

    Marvel of marvels
    It is born in the mountains
    And lives in the water.

292. Traga por la pancita
    Y bota por la boquita.

    It swallows through the stomach
    And comes out of the mouth.

293. !Maravilla! !Maravilla!
    ¿Qué sera
    Que en el campo se crió
    Y en el altar se acabó?

    Marvel of marvel
    What is it that
    Was born outside
    And in the altar it ended?

294. Entre mas cerca
    Mas lejos
    Y entre mas lejos
    Mas cerca.

    When it is close
    It is far
    When it is far
    It is close.

295.   *Tilín, Tilín está colgando*
       Tolón, Tolón se la está mirando
       Si Tilín Tilín se cayera
       Tolón Tolón se la comiera.

       Tilín Tilín is hanging
       Tolon, Tolon is looking
       If Tilín, Tilín would fall
       Tolon, Tolon would eat it.

296.   *Garra pero no de cuero*
       Pata pero no de vaca.

       Rags but not of hide
       Feet but not of cow.

297. Una lleguita blanca
     Salta cerros y barrancas
     Y no se manca.

     A white mare
     Jumps hills and ravines
     And is not lame.

298. Blanca voy
     Y pinta vengo.

     White I go
     And spotted I return.

299.	Una mujer enlutada	A lady in black
	Llorando su soledad.	Cries her loneliness.
300.	Una cajita	A very small box
	Muy chiquitita	That everyone knows
	Todos la saben abrir	How to open, but no one knows
	Pero nadie la sabe cerrar.	How to close it.
301.	Aunque soy media	Even if I am half
	Puedo tapar a una entera.	I can cover a whole one.
302.	Entre medio	Between the rocks
	De dos peñasquitos	The little ones
	Brincan y saltan	Leap and jump.
	Los chamaquitos.	
303.	Una vaca prieta	A black cow
	Paso por el mar	Went over the sea
	Ni mar	Neither the sea
	Ni marina	Nor mariner
	La pudo alcanzar.	Could catch up with it.
304.	Muy alegre	He's very happy
	Muy cantador	So he sings
	Muy de mañana	Early in the morning
	Antes de salir el sol.	Before the sun comes up.
305.	Entre mas le quitan	The more they take out
	Mas grande se hace.	The bigger it gets.
306.	En el camino	On the road
	Me la encontré	I found it
	Y a casa	And home
	Me la llevé.	I took it.

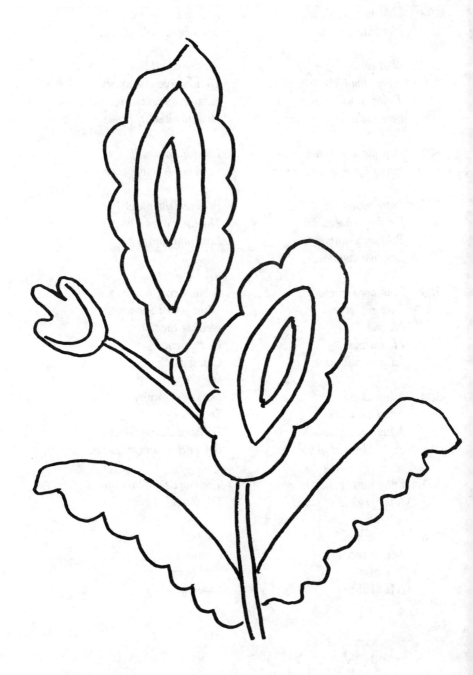

307. Este es un animal singular
Por dentro tiene la carne
Y por fuera tiene el hueso.

This is a singular animal
That has the flesh inside
And bones inside.

308. Muñequita de barniz
Da al suelo
Y pega en la nariz.

A glossy doll
Hits the floor
And then the nose.

309. Yo nací con calentura
Como cal y no me empacho.
Me azotaron como macho,
Y tengo la cabeza dura.

I was born with a fever
I can eat lime and nothing happens
They beat me like a mule
But I have a hard head.

310. En el monte se da
En el monte se cría
Y baja a las casas
Y da alegría.

In the woods it lives
And grows
When it comes home
It gives joy.

311. Una dama muy hermosa
Con un vestido de oro
Siempre volviendo la cara
Ya para un lado
Ya para otro.

A very beautiful lady
Dressed in gold
She turns her face
From side
To side.

312. Sobre una mesita negra
Esta una hacienda
De vacas blancas
Cuando unas se echan
Otras se levantan.

There is a table on
A black hill
That has white cows
When some go to rest
Others get up.

313. En medio de la gloria estoy
En misa no puedo estar
Estoy en la costodia
Y en el anillo pastoral.

In glory I am
In mass I can't be
I am in custody
And in the pastoral ring.

314. En un llano muy parejo
Anda una grulla
Torciendo el pescuezo.

In a very smooth plain
There is a crane
Turning her neck.

315. Coloradito colgando
Y ojitos verdes llorando.

A red thing is hanging
And green eyes are weeping.

316. Arriba del cerro
Hay un tunel
Que una mula entra con carga
Y sale sin carga.

There is a tunnel on
Top of the mountain
A mule goes in with a load
And comes out without.

317. En el campo está Mariano
Tiene cruz
Y no es cristiano.

Mariano is in the country
He has a cross
And is not a christian.

318. ¿Qué tiene un ojo
y no mira?

What has an eye
And doesn't see?

319. Al matarlo
Está Usted
Contento.

At killing it
Are you
Happy?

320. ¿Cuántas mujeres caben en un
Huevo?

How many women
Fit in an egg?

321. Primero fuí blanca
Despues verde fuí
Cuando fuí dorada
Ay! Pobre de mi!

First I was white
Then I was green
But when I was gilded
Alas! Poor me!

322. Señorita meca meca
Rodilluda
Y panza hueca.

A lady in a noisy house
Has large knees
And a hollow belly.

323. No se siembra, nace
y se riega para segarse.

It is not planted, but grows
And it is watered to cut.

324. ¿Cuál es el animal
Que tiene
Las cinco letras vocales?

Which animal has
All the vowels
In his name?

325. Agua pasa por mi casa
Cate de mi corazón
El que no me lo adivine
Es un burro cabezón.

Agua goes by my house
Cate of my heart
Whoever does not quess this
Is a big headed donkey.

326. Entre medio de dos paredes
     Está una cuenta amarilla
     El que no me lo adivine
     Sera buena taravilla.

Between two walls
Is a yellow bead
The one who doesn't guess this
Is a person who prattles much.

327. En campo color turquesa
     Maravillas florecen
     Pero son tan caprichosas
     Que solo en la noche arden.

In the country the color of turquoise
It's a wonder that they flower
But they are so stubborn that
They only glow at night.

328. En la mesa del rey
     No pueden pasar sin mi
     Me tratan como el perro
     Y me dicen sal de aqui.

On the king's table
They can't do without me
They treat me badly
And they say get out of here.

329. En el aire
     Teje
     La tejedora.

In the air
She weaves
The weaver.

330. Duro por arriba
     Duro por abajo
     Cabeza de víbora
     Patas de palo.

Hard on top
Hard under
Head of a viper
With wooden feet.

331. Todos preguntan por mi
     Yo no pregunto por nadie.

Everyone asks for me
But I ask for no one.

332. Oro no soy
     Plata no soy
     Abre la puerta
     Y veras lo que soy.

Gold I am not
Silver I am not
Open the door and you'll
See what I am.

333. Cien damas en un prado
     Todas visten de morado.

A hundred ladies in a lawn
They are all dressed in purple.

114

334. Una señorita
Bien aseñorada
Pasa por el río
Y no se moja nada.

A lady
That is very proper
Crosses the river
And doesn't get wet.

335. Verde fue mi nacimiento
Negro fue mi corazón
Y por vivir colorado
De blanco vine a morir.

I was born green
Even if my heart was black,
When I wanted to live robustly
I went to my death in white.

336. Va y viene
Y en el camino se detiene.

It comes and goes
But it stops on the road.

337. ¿Que animal come con la cola?

Which animal eats with his tail?

338. ¿Qué planta es la mas olorosa?

Which "plant" is the smelliest?

339. Largo y delgadito
Y en la punta coloradito.

Long and thin
And at the tip it is red.

340. ¿Quién llega a cuidades
Y a lugares
Sin viajar?

Who goes to cities
And other places
But never takes trips.

341. El frío lo hace
Y el sol
Lo deshace.

The cold makes it
But the sun
Melts it.

342. ¿Por qué quiere tanto
La gallina
Al pollito?

Why does a hen
Love
Her chick?

343. Redondito, redondón
Sin agujero y sin tapón.

Round, round
Without a hole
Without a plug.

344. Muchas lamparitas
     Muy bien colgaditas
     Siempre encandiladas
     Y nadie las atiza.

     Many lanterns
     Very well hung
     Always like candles
     And nobody lights them.

345. ¿Qué se necesita
     Para abrir
     Una puerta?

     What needs
     To be
     To open a door.

346. ¿Qué entra seco y duro
     Y sale agúdo y mojado?

     What goes in dry and hard
     And comes out soft and wet.

347. Soy una flor hermosa
     Enamorada de un rey
     Lo sigo en su camino
     Sin cuerda y sin andar.

     I am a beautiful flower
     In love with a king
     I follow him without
     A string and without walking.

348. Fuí a la escuela
     Pisé una grada
     Volví los ojos
     Y no vi nada.

     I went to school
     And stepped on a stair
     I turned my eyes
     But I did not see a thing.

349. Animalito bermejo
     Costillas sobre el pellejo.

     An animal with a reddish color
     Has ribs on the outside of its skin.

350. ¿En cual lado tiene
     Mas pelo
     El perro?

     On which side
     Does the dog
     Have more hair?

351. ¿Por qué el perro
     Menea la cola?

     Why does the dog
     Wag it's tail?

352. ¿A las cuántas
     Vueltas se acuesta
     El perro?

     In how many turns
     Does the dog lie?

117

353. Si la hermana de tu tía   If the sister to your Aunt
     No es tu tía. ¿Qué será?   Isn't your Aunt. What is she?

354. ¿En donde tienen   Where
     Mas chinos   Do women
     Las mujeres?   Have more curls? (chinos)

355. ¿Qué santo tiene mas cuadras?   Which saint has more frames?

356. ¿Qué animal anda con una pata?   What animal goes with a duck?

357. Pelon pelonete   A bold one
     paso por la puente   Went across the bridge
     Tirando peditos   Throwing farts
     Delante de la gente.   In front of everyone.

358. Lienzo tirante   A tight linen
     Botones brillantes.   With bright buttons.

359. Yendo para Jerez   As I was going to Jerez
     Me encontre tres mujeres.   I met three women
     Cada mujer traía un saco   With sacks
     En cada saco un gato   In each sack there was a cat
     ¿Cuántos ibamos para Jerez?   How many were going to Jerez?

360. Por el alto di cuarenta   I paid forty for the tall one
     Por entre las piernas diez   And ten for what went under its legs
     Por el saca y mete cuatro   Four for the in and out
     Y los arrimones tres.   And three for the staff.

361. ¿Quién es   Who reaps
     El que cosecha   But doesn't sow?
     Y no siembra?

119

362. ¿De cuál lado tiene
La copa el asa?

On which side does the
Cup have the handle?

363. Si tu tenías un caballo
Y se atascaba en el río
¿Cómo lo ibas a sacar?

If you had a horse that got
Stuck in the river,
How would you get it out?

364. Redondo, redondo
No tiene tapa
Ni tiene fondo.

Round, round
It doesn't have a stopper
Nor a bottom.

RESPUESTAS A LAS ADIVINANZAS / ANSWERS TO THE RIDDLES
El numero de la respuesta corresponde al numero de la adivinanza.

1. La letra "A" / The letter "A"
2. La carta / A letter, a missive
3. Los zapatos / Shoes
4. Los dedos / The fingers
5. El rayo / Lightening, thunderbolt
6. Tres, Santo Nino, Santo Tomas, Santo Domingo; los demas son sanes / Only three: Santo Nino, Santo Tomas & Santo Domingo. The rest are adressed as San. (The form for Saint is Santo but is shortened to San before male Saints names with the exception of the three mentioned.)
7. El aguardiente / Liquor
8. El relampago / Lightening
9. La vaca / A cow
10. La edad / edad, "age"
11. El eco / The echo
12. El pasto / Grass for pasture
13. La aceituna / The olive
14. La uva / The grape
15. La madre / The mother
16. Los zapatos / Shoes
17. El bacín / The chamber pot
18. En la que encuentra abierta / Through the door he finds open
19. La sed / Thirst
20. El pavo real / A peacock
21. La sepultura / The grave
22. La vela / The candle
23. El elote / An ear of corn
24. El pedo / Flatulence
25. El día y la noche / The day and the night
26. Pesan igualmente / They weigh the same
27. Las pestañas / Eyelashes
28. Las barajas / Playing cards
29. El Perico / The parrot
30. La llave de la petaca / The trunk key
31. San Tomas de aqui—no / Santo Tomas de aqui no (a play on words)
32. Adan, Eva, la tierra, Abel / Adam, Eve, the land, Abel
33. El naranjo / The orange tree
34. La vela / The candle
35. Los pies / The feet
36. El sapo / The toad
37. La letra "O" / The letter "O"
38. El pintor, el artista / The painter, the artist
39. El pan / bread
40. La letra "U" / the letter "U"
41. La nieve / The snow
42. El carbón / coal
43. El vino y el vinagre / Vinegar and wine
44. La escoba / The broom
45. El trigo / The wheat
46. La Nieve / Snow
47. La silla / The chair
48. La toalla / Toalla, a towel (play on words)
49. La navaja / La navaja, the knife (play on words)
50. El reloj / A horse

51. El reloj / The clock
52. Las tijeras / The scissors
53. La aguja / The needle
54. El cabestro / The rope
55. El ruido / The noise
56. La vela / The candle
57. El reloj / The clock
58. ¿Está Ud dormida? / Are you asleep?
59. Es que la pera es pera y el tren no espera / (A play on words) from esperar - to wait for
60. El pensmiento / The thought
61. La letra "O" / the letter "O"
62. El sarten / The frying pan
63. El secreto / The secret
64. Al ago / The garlic
65. El anillo / The ring
66. La semana santa / Holy week
67. Entró a los diez y seis / Entered his sixteenth
68. El camino / The road
69. Loz zapatos / The shoes
70. El manjar es el agua; el sabor es la sal y la miel es la meil de las colmenas / The food is water; the taste is salt; the honey in the hives
71. El agua / Water
72. La carta / A letter, a missive
73. El marido / A husband
74. El camposanto / A cemetery, a play on camposanto
75. El pensamiento / Thought
76. El río / The river
77. La araña / The spider
78. La cebolla / The onion

79. El pedo / Flatulence
80. Envejecer / Grow old
81. El poso / The hole
82. La nieve / Snow
83. La nube tempestosa / The tempest cloud
84. La letra "A" / The letter "A"
85. El camino / The road
86. El viento / The wind
87. El alacrán / A scorpion
88. El marquesote / Marquesote, a caramel (the underlined words put together)
89. El rosario / The Rosary (aves is the word for bird or for hail, a greeting)
90. La viña / The grapevine
91. El árbol / The tree
92. El ataúd; cajón de difuntos / The coffin
93. El aguardiente / Aguardiente, liquor (answer is in the underlined words)
94. La campana / A bell
95. La mariposa / A butterfly
96. La cebella / The onion
97. El sueño / Sleep
98. La letra "O" / The letter "O"
99. El relampago / Lightening
100. La palma de la mano / The palm of the hand
101. La sed / Thirst
102. La escoba / The broom
103. El piñon / Piñon
104. El chile / Chile
105. La semana santa / Holy week
106. El clavo / The nail
107. El ave Maria / The Hail Mary

108. Las tijeras / The scissors
109. El apetito / Hunger
110. La tuna / Es tuna; a prickly pear (the answer is in the riddle)
111. La nieve / The snow
112. La carta / The letter, missive
113. La navaja / (play on lana baja. . . la navaja the knife
114. La mecha / The wick on the lamp
115. La cebolla / The onion
116. El reloj / The clock
117. La llave de la petaca / The trunk key
118. El sol / The sun
119. El sobre de la carta / The envelope of the letter
120. La sombra / The shadow
121. El piojo / Lice
122. El silencio / The silence
123. La escoba / The broom
124. El rosasrio / The rosary (the rosary contains fifty hail Marys)
125. El perico / A parrot
126. En que echa lumbre y lava / In that she builds a fire and "lava".
127. El libro / A book
128. La nuez / A nut
129. El puente / The bridge
130. El camino / The road
131. Los zapatos / Shoes
132. El nombre / The name
133. La puerta / The door
134. El agua del diluvio en el Antiguo Testamento y el agua del bautismo en el Nuevo Testamento / The water in the Old Testament was the Deluge and the water in the new testament was the baptismal water

135. La escoba / The broom
136. La tortilla / The tortilla
137. La tortuga / The turtle
138. La aguja, el hilo y el dedal / The needle, the thread and the thimble
139. El humo / Smoke
140. La noche / The night
141. El ajo / Garlic
142. Los hermanos / Brothers
143. El hielo / The ice
144. El hombre y la calavera / The man and the skull
145. El algodón / Cotton
146. El zapato / The shoe
147. La sombra / The shadow
148. El sueño / Sleep
149. Las nubes / The clouds
150. El ruido / The noise
151. El sol / The sun
152. El aguja / The needle
153. El nombre / A name
154. El pensamiento / The thought
155. La sombra / The shadow
156. El espejo / The mirror
157. Las puntillas de los zapatos / The tacks on the shoes
158. Las rosas de maiz (palomitas) / Popcorn
159. El viento / The wind
160. Las hormigas / The ants
161. El aguja / A needle
162. El arete / An earring
163. El huevo / An egg
164. La cebolla / An onion
165. La sombra / The shadow
166. Las hormigas / The ants

167. El año y el mes / The year and the month
168. El gallo / The rooster
169. El arco iris / A rainbow
170. El arete / An earring
171. El mas cabezón / The one with the largest head
172. El avispero / The beehive
173. El humo / The smoke
174. El camposanto / The cemetery, camposanto
175. La nuez / A nut
176. La lengua / The tongue
177. El limón / The lemon
178. El lavadero / The washboard
179. El cuerpo / The body
180. Mi madre / My mother
181. La baraja / Playing cards
182. La obscuridad / Darkness
183. La lengua / The tongue
184. Los ojos / The eyes
185. El huevo / The egg
186. Sancadilla, sancajo y sancarrón / Trip, Bandy legs, Heelbone
    (a play on words)
187. El molino / The mill
188. La mesa / The table
189. La media / The stocking
190. El cochero / The coachman
191. El hombre / Man (crawling, walking, and with a walking stick)
192. Las tijeras / Scissors
193. El te / The tea
    (te is tea as well as you)
194. El mosquito / The mosquito
195. La sal / Salt

196. La sandia / Watermelon
197. El horno y la pala / The oven and the wooden paddle
198. La tela / Cloth
    (answer contained in riddle)
199. El clavo / The nail
200. Las olas / The waves
201. Las chispas / Sparks
202. La luna / The moon
203. La llave / The key
204. La sandía / Watermelon
205. La oveja / Sheep
206. Las llaves / The key
    (answer contained in riddle)
207. La lengua / The tongue
208. La hostia / The host
209. La lluvia / The rain
210. Los ojos / The eyes
211. Las barajas / Play cards
212. Las estrellas / The stars
213. Elena Morado / Purple (Elena Morado)
214. El piano / The piano
215. El sol / The sun
216. La baraja /. Cards
217. El pensamiento / The thoughts
218. El que tiene el pie mas grande / The one whose feet are bigger
219. La puerta / The door
220. La uva / The grape
    (play on words)
221. Ninguna / None
222. La barba / The beard
223. La bañadera / The bathtub
224. El col / The cabbage
225. La colmena y las abejas / The hive & bees
226. El cometa / The comet

227. El cohete / The firecracker
228. El horno, los panecitos y la palita / The oven, the bread and the shovel
229. El chile / Chile
230. Las horas / The hours
231. Mojada / Wet
232. El compañero / Another shoe
233. Los chapulines / The grass-hopper
234. El zapato / The shoes
235. La barca / The boat
236. El cuerpo / The body
237. El basín / The chamber pot
238. La altamisa / Artemisa
239. El año, los meses, los días de la semana / The year, the month, and the days of the week
240. La hija del zapatero era la mujer del sastre / The shoe maker's daughter was the wife of the tailor
241. En el brazo / On the arm
242. El bautismo / Baptism
243. El crucifijo / The crucifix
244. La gata / a she cat
245. Las tijeras / The scissors
246. El metate y una mano / Grinding stone and hand
247. El clavo / A nail
248. La media / The stocking
249. El matate y la mano / Grindstone and hand
250. La noria es la boca y el cabestro es el brazo / The well is the mouth, the rope is the arm
251. Las llaves / The key (play on words)
252. La lengua / The tongue
253. Las goteras / A dribble of water
254. El papel, la tinta, la pluma y los cinco dedos de la mano / The paper, the ink, the five fingers of the hand and the pen
255. El pan / Bread
256. En febrero, porque tiene menos dias / February
257. El hacha / The ax
258. Un huevo / The egg
259. La harina y el sedaso / The flour and sifter
260. El hambre / Hunger
261. El cielo y las estrellas / The heavens and the stars
262. El maís / The corn
263. La mazorca / Ear of corn
264. De uva; explicación de que da vino Dios al mundo / The grape (play on words)
265. Dos peludos—los caballos; un pelado—el hombre; un pica nalgas—el chicote; un enterrado—el arado / The horses, man, the whip and the plow
266. El cajón el ataúd / The coffin
267. Caduno se llamaba uno de los cazadores / Caduno was the name of the hunter
268. La cabeza calva / A bald head
269. El hongo / A mushroom

270. La calabaza / The pumpkin
271. Media docena / Half a dozen
272. El camino / The road
273. La campana / The bell
274. La cerilla / The candle
275. El pájaro carpintero / Wookpecker
276. El calvo / The bald headed
277. El papel, las letras, la pluma y los cinco dedos / The paper, the letters, the pen and the fingers
278. Padres / Parents
279. Una manzana-la vida; cinco -sentidos; diez-manda mientos / Life, five senses, ten commandments
280. El puente / The bridge
281. La parra (la viña de la uva) / The grapevine
282. El guangoche / Burlap
283. La pulga / A flea
284. La guitarra / The guitar
285. El polvo / The dust
286. La gallina / A hen
287. En que los dos se gastan / They are both spent
288. La gallina y los huevos / The hen and the egg
289. Capulines / Chokecherries
290. La carta / A letter
291. La canoa / A canoe
292. El cepillo del carpintero / A carpenters plane
293. La cera / The waxcandles
294. La cerca / The fence
295. Tilín es la carne seca, Tolón es el gato / Tilen is the meat, Tolon is the cat
296. La garrapata / A tick (answer in the riddle)
297. La luna / The moon
298. La tortilla / A tortilla
299. Una viuda / A widow
300. El huevo / The egg
301. La media / A stocking
302. Las palomitas de maíz / popcorn
303. La noche / The night
304. El gallo / The rooster
305. El pozo / A hole
306. La espina / The thorn
307. El cangrejo / The crab
308. Un pedo / A fart
309. El clavo / A nail
310. La guitarra / The guitar
311. La luna / The moon
312. Las tortillas / The tortilla
313. La letra "O" / The letter "O"
314. La oz cortando trigo / The sickle cutting wheat
315. El gato y la carne / The cat and the meat
316. La boca y la cuchara / The mouth and a spoon
317. Un burro / A donkey
318. Una aguja / The needle
319. El hambre / Hunger
320. Dos. La Clara y la Yema / Two. the white (clara) and the yolk (yema)
321. La naranja / The orange

322. La olla / A round pot
323. La barba / The beard
324. El murcielago / The bat
325. El aguacate / aguacate or
    avocado
326. El huevo / The egg
327. Las estrellas / The stars
328. La sal / Salt
329. La araña / The spider
330. La tortuga / The turtle
331. El camino / The road
332. El platano / The banana
    (play on words)
333. Las violetas / Violets
334. La luna / The moon
335. La leña / Firewood
336. La hamaca / The hammock
337. Todos. Ningun animal se quita
    la cola para comer / All
    animals. None takes off his tail
    to eat
338. La planta del pie / The feet
    (planta is plant but also the
    sole of the foot)
339. El cigarro / The cigar
340. El camino / The road
341. El hielo / The ice
342. Porque le costo un huevo /
    Because it cost her an egg
343. Un huevo / The egg
344. Las estrellas / The stars
345. Que este cerrada / For the door
    to be closed
346. El chicle/ Chewing gum
347. El girasol / The sunflower
348. La granada / A pomegranate
    (play on words)

349. El barril / The barrel
350. En el lado de afuera / On
    the outside
351. Porque la cola no puede
    menear al perro / Because
    the tail can't move the dog
352. En la última / On the last
    one
353. Tu madre / Your mother
354. En China / In China
    (curls are chinos)
355. San Marcos / San Marcos
    (frames)
356. El pato / A drake
357. El trueno / The thunder
358. El cielo y las estrellas / The
    sky and stars
359. Uno / One
360. El caballo, la montura, el
    freno, y las espuelas / The
    horse, saddle trappings, the
    bit and the spurs
361. Los ratones / The mice
362. Del lado de afuera / On the
    outside
363. Mojado y lleno de lodo /
    All wet and full of mud
364. El anillo / A ring